Llaman a la puer
por Pat Hutchins
traducido por Aída E. Marcuse

Harcourt

Orlando   Boston   Dallas   Chicago   San Diego

Visite *The Learning Site*
www.harcourtschool.com/reading/spanish

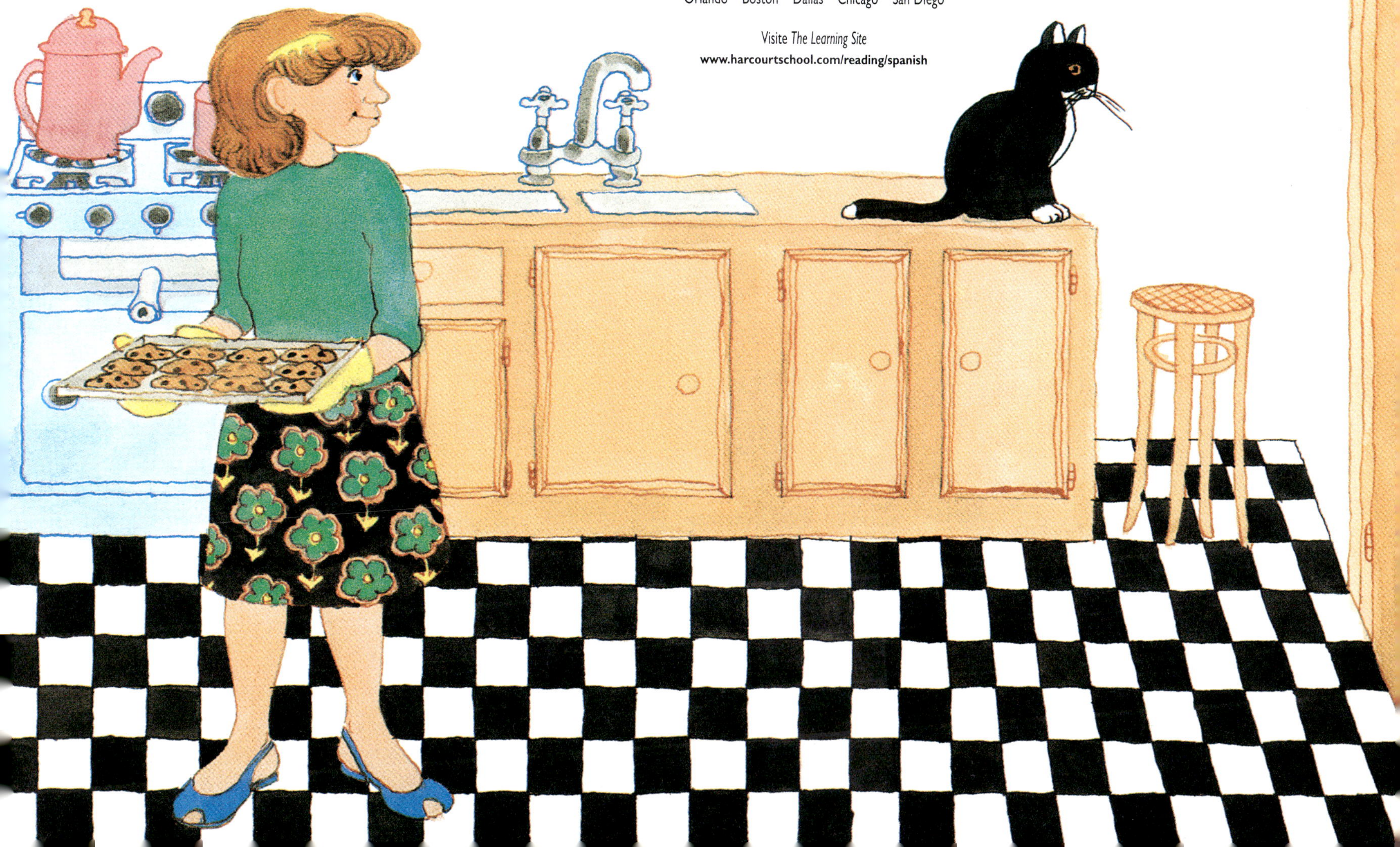

This edition is published by special arrangement with Greenwillow Books, a division of William Morrow & Company, Inc.

Grateful acknowledgment is made to Greenwillow Books, a division of William Morrow & Company, Inc. for permission to reprint *Llaman a la puerta* by Pat Hutchins, translated by Aída E. Marcuse. English-language text and illustrations copyright © 1986 by Pat Hutchins; Spanish-language translation copyright © 1994 by William Morrow & Company, Inc.

Printed in the United States of America

ISBN   0-15-315810-7

1   2   3   4   5   6   7   8   9   10   026   2002   2001   2000   99

—Hice estas galletitas para la merienda —dijo Mamá.
—¡Qué bueno! —dijeron Victoria y Santiago—. ¡Tenemos hambre!
—Hice muchas. Repártanlas entre los dos —dijo Mamá.

—Nos tocan seis a cada uno —dijeron Santiago y Victoria.
—Parecen tan deliciosas como las que hace Abuela —dijo Victoria.
—Y huelen tan bien como las de ella —dijo Santiago.

—Nadie hace las galletitas tan ricas como Abuela —dijo Mamá. En ese momento, llamaron a la puerta.

Eran Tomás y Ana, nuestros vecinos.
—Adelante —dijo Mamá—. Llegan a tiempo para merendar.

—Hay tres galletitas para cada uno —dijeron Santiago y Victoria.
—Huelen tan bien como las que hace tu abuela —dijo Tomás.
—Y parecen igual de deliciosas —dijo Ana.

—Nadie hace las galletitas tan ricas como Abuela —dijo Mamá.
En ese momento, llamaron a la puerta.

Eran Pedro y su hermanito.
—Adelante —dijo Mamá—. Llegan a tiempo para merendar.

—Hay dos galletitas para cada uno —dijeron Victoria y Santiago.
—Parecen tan deliciosas como las que hace tu abuela —dijo Pedro—.
Y huelen igual de bien.

—Nadie hace las galletitas tan ricas como Abuela —dijo Mamá.
En ese momento, llamaron a la puerta.

Eran Juana, Simón y sus cuatro primos.

—Adelante —dijo Mamá—.
Llegan a tiempo para
merendar.

—Hay una galletita para cada uno —dijeron Santiago y Victoria.
—Huelen tan bien como las que hace tu abuela —dijo Juana.
—Y parecen igual de deliciosas —dijo Simón.

—Nadie hace las galletitas tan ricas como Abuela —dijo Mamá.
En ese momento, llamaron a la puerta.

El timbre sonó y sonó.

—¡Vaya! —dijo Mamá.
Cada niño miró la galletita que tenía en su plato.

—Será mejor que se coman las galletitas antes de que abra la puerta.
—No, Mamá, preferimos esperar —dijo Santiago.

Era Abuela, y traía una enorme bandeja llena de galletitas.

—¡Qué bueno que puedan compartirlas con tantos amigos! —dijo Abuela—. ¡Por suerte hice muchísimas!

—¡Y, por supuesto, nadie hace las galletitas tan ricas como Abuela!
—dijo Mamá.
En ese momento, llamaron a la puerta.